Inhalt

Der Weg ist das Ziel - Customer-Journey-Experten bringen Licht ins Dunkel verschlungener Kundenpfade

Kernthesen

Beitrag

Fallbeispiele

Weiterführende Literatur

Impressum

: GENIOS WirtschaftsWissen Nr. 01 vom 21.01.2013

Der Weg ist das Ziel - Customer-Journey-Experten bringen Licht ins Dunkel verschlungener Kundenpfade

Harald Reil

Kernthesen

- Die Customer Journey Analyse bedingt eine akribische Überwachung der virtuellen Reise des Kunden durch das Netz.
- Die Vorteile liegen auf der Hand: Wer weiß, welche Kanäle Kunden bevorzugt nutzen, kann seine Gelder entsprechend verteilen.
- Das hält Streuverluste in Grenzen, erhöht

den Return on Investment (ROI) und hält die Konkurrenz in Schach.
- Es ist allerdings eine hohe Kunst, aus der Unzahl von Informationen brauchbare Muster herauszulesen und Handlungsempfehlungen abzuleiten.
- Der Markt für Customer-Journey-Experten wächst, die Berufsaussichten sind daher aller Voraussicht nach schon kurz- bis mittelfristig glänzend.
- Laut einer Analyse der Customer-Journey-Spezialisten von AdClear setzen Firmen, die den letzten Click für kaufentscheidend halten, rund ein Viertel ihrer Marketingbudgets in den Sand.

Beitrag

Akribische und langfristige Überwachung des Kunden

Das letzte Cookie zählt? Nicht, wenn Customer-Journey-Experten Recht haben. Denn ihrer Meinung nach ist der Weg das Ziel. Sie behaupten, dass die Verfolgung der Customer Journey, also die "Reiseroute" des Kunden zu den verschiedensten

Info-Points, die ihm bei der Kaufentscheidung helfen, das Rückgrat eines sinnvollen Online-Marketings der Zukunft bilden muss. Noch genauer formuliert: Nur Unternehmen, die den Prozess nachvollziehen können, die den Konsumenten A zum Erwerb eines Produktes X führen, sind auch in der Lage, ihre Marketinggelder zielgerichtet einzusetzen. Das vermindert Streuverluste und erhöht den Return on Investment (ROI). Um jedoch die Customer Journey wirklich effizient nutzen zu können, sind große Datenmengen, sogenannte Big Data, Voraussetzung - und selbstverständlich auch eine akribische und langfristige Überwachung des Kunden. Mit zunehmender Vernetzung, die vor allem vom "Internet der Dinge" ausgehen wird, wird sich die Spielwiese für Online-Marketeers in Zukunft sogar noch vergrößern. (1), (3), (6)

Die schwierige Suche nach dem Muster

Leicht ist die Interpretation der verschlungenen Customer-Journey-Pfade allerdings nicht. Und sie wird mit dem virtuellen Netz, das sich Tag für Tag wie ein immer engmaschiger geknüpftes Spinnengewebe rund um den Globus legt, künftig sogar noch komplizierter werden. Allein in Deutschland sind mittlerweile 68 Millionen

Menschen im Internet unterwegs. Sie allesamt nutzen ebenso viele unterschiedliche Klickpfade, um sich am Ende für ein bestimmtes Produkt zu entscheiden - oder eben auch nicht. Schon jetzt verläuft die Reise des Kunden vom Erstkontakt bis zum Kauf oft über 20 verschiedene Anlaufpunkte. Wenn die Zahl der Werbekanäle weiter zunimmt, muss man über keine überschäumende Fantasie verfügen, um sich vorstellen zu können, dass nur hochspezialisierte Fachleute, hilfesuchenden Unternehmen unter die Arme greifen können, um Muster aus diesen superkomplexen Reisepfaden herauszulesen. (5), (6)

Eine Nasenspitze voraus

Dennoch lohnt sich der Aufwand. Denn eine Neuallokation des Werbebudgets erhöht nicht nur die Effizienz des Marketings, sondern hilft als Folge daraus auch, der Konkurrenz die berühmte Nasenspitze voraus zu sein. Die Wettbewerbsvorteile, die eine detaillierte Analyse von Customer Journeys verspricht, sind die Mühen und die Investitionen also allemal wert. Unternehmen, die zum Beispiel nach einer Analyse der virtuellen Reisewege ihrer Kunden erfahren, dass sie bei der Gestaltung ihrer Ads auf Details oder Preisinformationen verzichten sollten oder dass Investitionen in generische Suchausdrücke (wie zum Beispiel Autos, Krankenversicherungen,

Konzerttickets) auch in ihrem Fall nur hinausgeschmissenes Geld sind, werden in Zukunft klüger agieren und die Stellschrauben für ihr Online-Marketing feiner nachjustieren. Kurzum: An Customer-Journey-Auswertungen führt schon bald kein Weg mehr vorbei, auch wenn die Experten durchaus Analyseschwierigkeiten einräumen. Ein Problem sind beispielsweise Kunden, die sich verschiedener Geräte bedienen, um an ihre Informationen über eine bestimmtes Produkt zu gelangen. Besonders ärgern natürlich Offline-Info-Points, die auch ein wesentlicher Faktor für Customer Journeys sein können. Um alle Kundenkontaktpunkte in der zunehmenden Verquickung der realen mit der virtuellen Welt weiterhin adäquat managen zu können, wird die Verfolgung der Customer Journey auf jeden Fall noch an Bedeutung gewinnen. (5), (6)

Trends

Beruf mit Zukunft: Customer-Journey-Experten

Die bloße Anhäufung einer Unmenge von Daten kann immer nur die Grundlage einer Analyse sein. Die Schwierigkeit besteht darin, aus der Informationsflut

Muster abzuleiten, die dann wiederum in konkrete Handlungsempfehlungen münden. Ohne Fachleute, die diese Aufgaben übernehmen, sind herkömmliche Marketingabteilungen im Normalfall überfordert. Aus diesem Grund werden sich schon kurz- bis mittelfristig mehr und mehr Firmen auf dem Markt etablieren, die mit diesen Spezialkenntnissen hausieren gehen. Der Beruf des Customer-Journey-Experten ist daher ein Job mit besten Zukunftsaussichten. (2)

Fallbeispiele

Plus Online GmbH ruft AdClear zu Hilfe

Die Plus Online GmbH mit Sitz in Mülheim an der Ruhr hat AdClear zu Hilfe gerufen. Die Berliner Firma, die sich auf Customer-Journey-Analysen spezialisiert hat, hat die verschiedensten Kommunikationskanäle des Internet-Versandhändlers genau unter die Lupe genommen und das Klickverhalten der Nutzer dokumentiert. Ziel der Studie war es, Plus Online einen Überblick zu verschaffen, welche ihrer Quellen wie oft genutzt werden, und wie das Surfverhalten der User die

Kaufentscheidung beeinflusst. Für die Analyse hat sich AdClear ein halbes Jahr Zeit genommen und dabei Hunderttausende Customer Journeys ausgewertet. Das von der Firma selbst entwickelte Verfahren berücksichtigte die Zahl der Page Impressions; die Zeitspanne, die zwischen dem Ansurfen von zwei Info-Points verstrich; den Motivationssog, den die unterschiedlichen Kanäle auf die User ausübten und die Stellung der verschiedenen Info-Points im Vergleich mit den übrigen Informationskanälen. Ein auffallendes Ergebnis der Untersuchung: Display-Werbung fällt zwar im Hinblick auf die Zahl der Direktverkäufe, die sie anschiebt, verglichen mit anderen Infoquellen ab, spielt aber bei der Formation der Kaufentscheidung eine entscheidende Rolle. Adclear hat bei seinen Untersuchungen außerdem herausgefunden, dass Firmen, die der Maxime des "letzten Cookies" folgen, rund ein Viertel ihrer Spendings für Online-Werbung in den Sand setzen. (2), (6)

Schicke Möbel auf Knopfdruck

Die komplexe Customer Journey des modernen Kunden, der sich für Einrichtungsgegenstände interessiert, könnte der als unflexibel geltenden Möbelbranche bereits in naher Zukunft gewaltige Probleme bereiten. Denn nach Ansicht von Experten kommen am Internet schon bald auch Einrichtungshäuser nicht mehr vorbei. Bevor sich der Kunde zum Kauf entscheidet, konsultiert er eine ganze Reihe von Informationsquellen, um sich einen Überblick über das Angebot zu verschaffen. Dazu gehören moderne Kanäle wie Preisvergleichs- und Shopping-Portale sowie Blogs, Foren und soziale Netzwerke. Progressive Anbieter wie Home24, Fashion for Home oder Avandeo machen sich die Internet-Affinität vor allem junger Menschen zunutze und setzen voll auf das moderne Medium. Schicke Möbel gibt es auch per Knopfdruck - bequem, einfach und ohne Versandkosten, lautet die Botschaft. Den Big Playern der Branche scheint diese aggressive Werbung noch wenig auszumachen, im Gegenteil, sie machen auch ohne das Internet gute Geschäfte; die kleinen Läden, die ebenfalls noch immer auf schlichte Marketingformeln und konventionelle Medien setzen, scheinen allerdings dem Untergang geweiht. Ob die Großen der Branche die Online-Konkurrenz tatsächlich zu spüren bekommen, steht allerdings noch in den Sternen. Wer in der Möbelbranche kräftig mitmischen will, braucht ein gut funktionierendes Logistiknetz. Es bleibt daher abzuwarten, ob die Upstarts in dieser Beziehung mit den etablierten Anbietern mithalten können. Außerdem werden auch diese nicht ewig das Medium Internet als Vertriebskanal ignorieren und sich sicherlich schon bald ebenfalls intensiv mit

Customer-Journeys-Analysen auseinandersetzen. (7)

Weiterführende Literatur

(1) neue reisekosten
aus LEAD digital Nr. 15 vom 25.07.2012, S. 44 - 45

(2) Dem Kunden auf der digitalen SpurDem Kunden auf der digitalen Spur
aus acquisa, Vol. 56, Heft 09/2012, S. 18-23

(3) Die programmierbare Welt
aus Frankfurter Allgemeine Zeitung, 21.12.2011, Nr. 297, S. 9

(4) O-TÖNE ZUM THEMA TRENDS 2013 - Was sind die Trends in Marketing und Vertrieb?
aus acquisa, Vol. 60, Heft 01/2013, S. 6

(5) den weg zur kasse winken
aus LEAD digital Nr. 22 vom 02.11.2012, S. 47 - 51

(6) Onlinehändler erforschen die Klickpfade ihrer Kunden
aus Handelsblatt Nr. 177 vom 12.09.2012 Seite 044

(7) Das Online-Spiel mit der A-Karte
aus werben & verkaufen Nr. 47 vom 22.11.2012, S. 16 - 18

(8) Immer aktuell
aus handelsjournal - Das Wirtschaftsmagazin für den

Einzelhandel Heft 01/2013, Seite 21

Impressum

Der Weg ist das Ziel - Customer-Journey-Experten bringen Licht ins Dunkel verschlungener Kundenpfade

Bibliografische Information der deutschen Nationalbibliothek

Die Deutsche Nationalbibliothek verzeichnet diese Publikation in der deutschen Nationalbibliografie; detaillierte bibliografische Daten sind im Internet über http://dnb.d-nb.de abrufbar.

ISBN: 978-3-7379-0805-4

© 2015 GBI-Genios Deutsche Wirtschaftsdatenbank GmbH, Freischützstraße 96, 81927 München, www.genios.de

Alle Rechte vorbehalten. Dieses Werk ist einschließlich aller seiner Teile – z.B. Texte, Tabellen und Grafiken - urheberrechtlich geschützt. Jede Verwertung außerhalb der Grenzen des Urheberrechtsgesetzes bedarf der vorherigen Zustimmung des Verlags. Dies gilt insbesondere auch für auszugsweise Nachdrucke, fotomechanische Vervielfältigungen (Fotokopie/Mikroskopie), Übersetzungen, Auswertungen durch Datenbanken oder ähnliche Einrichtungen und die Einspeicherung und Verarbeitung in elektronischen Systemen.